Schau mich an
Ich lerne
Englisch
(FÜR DIE ALTERSGRUPPE 3-6 JAHRE)

Geschrieben von Daniel Williamson
Illustriert von Kleverton Monteiro

Erstveröffentlichung 2019 von Daniel Williamson
www.danielwilliamson.co.uk

Diese Ausgabe wurde 2020 veröffentlicht
Text Copyright Daniel Williamson 2019
Illustrationen Copyright Kleverton Monteiro 2019
Buchcoverdesign Copyright Uzuri Designs 2019
Übersetzt von Jessica Kallweit

ISBN 978-1-913583-11-8

www.danielwilliamson.co.uk

Dieses Buch ist
meiner Tochter
Carmela gewidmet

Ich bin ein kleiner Mensch in einer großen, großen Welt!

I'm a small person in a big, big world!

Ich kenne Leute, die größer sind als ich. Größere Leute
wissen mehr, weil sie anfangen zu lernen, wenn sie klein sind.

I know people bigger than me.
Bigger people know more things because
they start to learn when they are small.

Nicht jeder spricht Deutsch wie ich. Es gibt größere Leute, die Englisch sprechen und andere, die zwei Sprachen sprechen!

Not everyone speaks German like me. Some bigger people speak English, some speak two languages!

Ich möchte auch Englisch lernen, damit ich mit Leuten, die Englisch sprechen, sprechen und noch mehr Freunde finden kann!

I want to learn English too so I can speak to English speaking people and make even more friends!

Zuerst lerne ich das Zählen mit den Erbsen auf meinem Teller.
First I'm going to learn to count using the peas on my plate.

EINS
ONE
ZWEI
TWO
DREI
THREE
VIER
FOUR
FÜNF
FIVE
SECHS
SIX
SIEBEN
SEVEN
ACHT
EIGHT
NEUN
NINE
ZEHN
TEN

Jetzt kann ich bis Zehn zählen! Schau mich an! Ich lerne Englisch. Englisch lernen macht Spaß!

Now I know how to count to ten! Look at me I'm learning English! Learning English is Fun!

Ich frage mich, was soll ich sagen, wenn ich einen Engländer treffe? Ich glaube, ich würde sagen – "Hallo, wie geht es dir?" Dann würden sie sagen – "Danke, mir geht es gut. Und dir?"

I wonder what to say if I meet an English person? I think I would say – "Hello, how are you?" Then they would say – "I'm fine thanks and you?"

Dann müsste ich ihnen meinen Namen sagen.
Ich würde sagen –
"Hallo, mein Name ist _______________, wie heißt du?"

Then I would need to tell them my name. I would say –
"Hello, my name is _____________, what's your name?"

Jetzt möchte ich ihnen sagen, wie alt ich bin und fragen wie alt sie sind. Mal sehen, ob ich mich an die Zahlen erinnern kann!

Now I want to tell them my age and ask how old they are. Let's see if I can remember the numbers!

Ich bin ________ Jahre alt. Wie alt bist du?

I am ________ years old, how old are you?

Schau mich an. Ich lerne Englisch!
Englisch lernen macht Spaß!

Look at me I'm learning English!
Learning English is fun!

Ich möchte gern sagen können, was ich mag und
was ich nicht mag. Versuchen wir ein paar Sätze!

I need to know how to say the things I like and the
things I don't like, let's try some sentences!

Ich mag sonnige Tage. Ich gehe gerne in den Park
und spiele auf der Rutsche und den Schaukeln!

I like sunny days. I like to go to the park
and play on the slide and swings!

Ich spiele auch gern mit meinen Freunden
draußen. Manchmal spielen wir Fußball und
manchmal Verstecken!

I also love playing with my friends outside.
Sometimes we play football,
sometimes we play hide and seek!

Ich mag es nicht, wenn es regnerisch und windig ist, also gehe ich ins Kino, schaue mir Cartoons an und esse Popcorn.

I don't like when it's rainy and windy so I go to the cinema, watch cartoons and eat popcorn.

Am liebsten mache ich ein Picknick. Ich esse gerne
Apfelschnitze, aber noch lieber esse ich Bananen!

My favourite thing to do is go for a picnic.
I like eating apple slices but I prefer bananas!

Als ich das letzte Mal im Park war, habe ich einen riesengroßen Regenbogen gesehen. Mal sehen, ob ich noch alle Farben kann!

Last time I went to the park I saw a huge rainbow. Let's see if I can remember all the colours!

Die Farben des Regenbogens sind Rot, Orange, Gelb, Grün, Blau, Indigo und Violett!

The colours of the rainbow are red, orange, yellow, green, blue, indigo and violet!

Schau mich an. Ich lerne Englisch!
Englisch lernen macht Spaß!

Look at me I'm learning English!
Learning English is fun!

Zu Hause habe ich verschiedene Haustiere und sie haben auch verschiedene Farben! Ich habe einen braunen Hund, eine schwarz-weiße Katze und ein graues Kaninchen.

At home I have some different pets and they are different colours too! I have a brown dog, a black and white cat and a grey rabbit.

Mein Hund mag es, wenn ich für ihn den Ball werfe.
Er bringt ihn immer zurück, das ist sein Lieblingsspiel!

My dog likes me to throw his ball for him, he always
brings it back, it's his favourite game!

Meine Katze schläft gerne den
ganzen Tag auf dem Sofa. Er ist
eine sehr faule Katze!

My cat likes to sleep on the sofa all day,
he's a very lazy cat!

Mein Kaninchen lebt im Garten, es frisst den ganzen Tag Karotten, sie helfen ihm nachts besser zu sehen!

My rabbit lives in the garden, he eats carrots all day, they help him see better at night time!

Zur Schlafenszeit ziehe ich meinen Schlafanzug an. Ich liebe eine Gute-Nacht-Geschichte im Bett, dann schließe ich die Augen und schlafe langsam ein, bereit morgen mehr Englisch zu lernen...

At night time I get into my pyjamas, I love getting into bed for a story, then I close my eyes and slowly fall asleep, ready to learn more English tomorrow...

ENDE
THE
END

UNSERE 'LOOK AT ME' SERIE IST AUCH IN DEN FOLGENDEN SPRACHEN ERHÄLTLICH:

Eine Anmerkung des Autors

Ich möchte jedem einzelnen Kind und jedem Erwachsenen, der eines meiner Bücher gelesen hat, einen großen Dank aussprechen! Mein Traum ist es Kulturen durch lustige Bilder, Vorstellungskraft und Kreativität durch die Macht der Bücher zusammenzubringen.

Wenn Sie mich auf dieser Reise begleiten wollen, besuchen Sie bitte meine Website danielwilliamson.co.uk, wo jeder E-Mail Abbonent ein kostenloses E-Book zum behalten erhält, oder wir schicken es einem ausgewählten Freund als Geschenk!

Nichts macht mich glücklicher als eine Review auf der Plattform auf der du mein Buch gekauft hast, in der ich erfahre woher meine Leser kommen! Bitte klickt zudem auf dem unten stehenden Link und folgt mir, um Teil meiner stetig wachsenden Online-Familie zu werden!

Denken Sie daran, es gibt keine Zeit wie die Gegenwart und die Gegenwart ist ein Geschenk!

Mit lieben Grüßen,

Daniel Williamson

@DanWAuthor

@danwauthor

@DanWAuthor